TEOLOGÍA PARA ANARQUISTAS, ECOLOGISTAS Y DEMÁS ANTICAPITALISTAS (EL JUEGO DE LA VIDA).

Apocalipsis (12:1,12:5): Apareció una gran señal en el cielo, una mujer revestida del sol con la luna bajo sus pies y sobre su cabeza una corona de doce estrellas. Estaba en cinta y gritaba con los dolores del parto en la angustia del alumbramiento... Y dio a luz un hijo varón que había de apacentar todas las razas con 'vara de hierro'.

Interpretando el anterior texto en términos de países: ¿cómo se llama el país con nombre de mujer, mundialmente famoso por su luz y sol (muchísima gente pasa ahí las vacaciones), que linda al norte o tiene sobre su cabeza a la comunidad de países cuya bandera tiene dibujadas doce estrellas (Unión Europea o UE, antes llamada Comunidad Europea), y linda al sur o tiene bajo sus pies a la comunidad de países que por emblema religioso tiene a la luna (comunidad musulmana o 'umma')?

Respuesta correcta: España (Reino de España). Recuérdese que dicho reino hace frontera al sur con Marruecos (país eminentemente musulmán) en las ciudades de Ceuta y Melilla, y al norte con Francia, socio fundador de la UE.

De dicho país (España) surgirá (es el fruto de la mujer embarazada citada en el texto del Apocalipsis) un movimiento revolucionario, asambleario, indigenista y sexualmente igualitario que llegará a toda la humanidad y será el germen de una futura fraternidad universal [Por cierto: el varón al que alude el texto también hace referencia al Mahdi esperado por los musulmanes, también conocido como Maitreya por los budistas, como "el León de Judá" por los rastafaris, Quetzalcoatl por los aztecas, Kukulkan por los mayas, es el "Guerrero del arco iris" (o rainbow warrior) que esperan los sioux, es el profeta esperado por los Bahais...].

Nota aclaratoria: Debido al veneno, fanatismo e intoxicación mental que han producido las religiones en las mentes humanas generación tras generación (no tiene nombre lo que le han hecho a las mujeres) con sus falseados, censurados y tergiversados 'sagrados libros', me veo en la obligación de aclarar de forma conveniente y resumida conceptos espirituales fundamentales para poder abordar el Juego de la Vida en profundidad y con garantía de mágico éxito. Para ello es necesario entender la sexualidad sin asociarla a falsos conceptos que aúnen religiosidad y moral. No a las religiones con sus profesionales representantes; sí a la religiosidad, a la relación del individuo consigo mismo: con la Divinidad. ¡Arriba la autodeterminación espiritual del ser humano! Hete aquí, pues, un poco de teología de la buena [Dedico este libro a todos los militantes de la CNT-FAI que a partir del 19 de Julio de 1936 iniciaron en España, tras el golpe de estado a la Segunda República, la revolución social más hermosa en la historia del planeta, truncada finalmente por sus dos enemigos: el capitalismo internacional que apoyaba a los golpistas fascistas y el comunismo-estalinista ruso al que se entregaron las propias autoridades republicanas en plena guerra civil. Va por todos ellos y ellas. Especialmente dedicado a Cipriano Mera: el albañil anarquista jefe del Cuarto

Ejército (equivalente a general). No hay palabras para describir cómo el sacrificio y la lucha de aquéllos y aquéllas que integraban la Confederación iluminan mi camino].

El JUEGO DE LA VIDA.

Vivimos en un infinito Universo dual, mundo binario, virtual, construido, edificado, a base de pares de contrarios, términos opuestos o conceptos que se complementan: bien-mal, uno-cero, energía-materia, virtud-defecto, arriba-abajo, verano-invierno, ángel-diablo, blanco-negro, Paraíso-Abismo, cielo-infierno, etc. Sin embargo estos pares de términos o conceptos no existen, son relativos; no son reales. Para que algo sea Real tiene que ser eterno e infinito, inmutable, indestructible, sin principio ni fin; y no estar sujeto al tiempo ni al espacio. Lo que es, Es, y no puede nunca dejar de ser.

Este menda sin oficio ni beneficio, cuarenta y tres tacos, dos meses de vida laboral cotizados, en su sano juicio, os va a contar un secreto, que a mí, anarquista, hijo y nieto de 'picoleto', la vida casi me va en ello:

El hombre es natural de un fraternal y libertario Hogar: el Paraíso (Hogar de Luz sin jerarquías ni propiedad privada). Del cual, por traidores, expulsados fuimos al tenebroso Abismo de los horrores, con nuestra angelical libertaria cualidad cesada, mutada, en una carnal raza: especie de orcos hermafroditas, de la Oscuridad rehenes de por vida, condenados a ser eternos diablos. El Universo es el ancho río o frontera que separa ambos lados o riberas (Abismo-Paraíso), mas al atravesarlo en esta huida o vida, ¡sorpresa!, en dos mitades nos escindimos: en uno mismo y nuestro amor verdadero desconocido: nuestra alma gemela (la cual es una, no dos ni tres... [Esto no es regla que posea una excepción, es Dogma]). Encontrar nuestra alma gemela es el auténtico camino recto, el Gran Premio (por regla general, cada espíritu que atraviesa este Universo dual se escinde en un varón y en una mujer; aunque también puede escindirse, en menor proporción, en dos mujeres o en dos varones).

El ser humano se divide de forma natural en una sociedad libre, reflejo de su ego e interna sexual naturaleza, entre quienes gozan dominando y quienes gozan siendo dominados. También respectivamente denominados (según el contexto): activos-pasivos, amos-esclavos, positivos-negativos...; la dualidad presente en todo el Cosmos. ¡Ojo!, como excepción a toda regla hay individuos que pueden ser a la vez dominantes y sumisos: son de polaridad alterna (Los humanos somos seres electromagnéticos: el orgasmo es una sobrecorriente eléctrica que aumentó la temperatura del conductor [el cuerpo] con tendencia al infinito provocando un cortocircuito; a mayor diferencia de potencial existente entre el polo positivo y el negativo, mayor será el orgasmo).

Es por ello que toda alma gemela siempre va a tener la polaridad opuesta a su pareja porque es su complemento electromagnético. Si una persona es dominante, su amor verdadero será sumiso; por ejemplo. Así los dos crearán una unidad: las dos almas gemelas son las dos mitades de un espiritual ente, de un todo, de un Dios... En las parejas heterosexuales, el elemento dominante o polo positivo suele ser el varón y el elemento sumiso o polo negativo la mujer. Aunque también existen, en menor medida, parejas de mujeres dominantes y varones sumisos. Ninguno de los dos polos es mejor que el otro; los dos son necesarios: son complementarios. No se es mejor persona por ser sexualmente dominante o sumisa. Nuestra sexualidad está determinada por nuestra naturaleza electromagnética predominante; nada más. Si no trascendemos mediante el juego del Sexo estas inexorables tendencias, dominar o ser dominados, sin remedio nos convertiremos en seres perversos: idólatras del dinero.

En esta sociedad tan alejada de la Naturaleza, no asumir, no aceptar y trascender nuestra naturaleza sexual dominante o sumisa, provoca que nuestra mente se vuelva materialista convirtiéndonos en diablos que trasladan su rol sexual a la sociedad, convirtiéndolo en un rol social, lo cual propicia la formación de jerarquías (patriarcado) e inevitablemente el nacimiento de la propiedad privada. No debemos, por ello, llevar nuestro rol sexual a la vida real (El capitalismo, por ejemplo, favorece a los ricos si estos son dominantes y hunde todavía más a los pobres si son sumisos; en el campo de la educación, la fría disciplina y el autoritarismo favorecen en la escuela a los individuos sumisos o pasivos y provoca el rechazo en los dominantes o activos, que por regla general son de sexo masculino, causa del mayor fracaso escolar entre estos últimos).

La Naturaleza, la Divinidad, busca, persigue y premia la unilateralidad sexual, ya sea homosexual u heterosexual, más castiga (por regla general) la bisexualidad: carne o pescado, percebe o almeja, conejo o rabo…; mas gustar de las dos cosas por igual es cualidad del hermafrodita Diablo (lógico teniendo en cuenta que sólo tenemos una alma gemela o espiritual alter ego con el que fusionarnos o encontrarnos, no dos ni tres o un ciento).

La excepción son las personas bilaterales; personas que juegan con ambos sexos y no pierden Luz. Incluso así, éstas siempre tienen que tener presente que sólo tienen un amor verdadero (de la misma manera que es imposible servir a dos amos a la vez, es imposible amar por igual a dos personas; lo demás es engañarse).

Todos somos potenciales bisexuales; mas no es lo mismo nacer bilateral sexual, a que una persona unilateral (homosexual u heterosexual, da igual) se bisexualice cambiando mentalmente su lateralidad sexual original. Hay que tener fidelidad a la lateralidad natural, o alma, de cada uno y a la polaridad predominante en nuestra persona si queremos crecer mentalmente (yo, por ejemplo, soy unilateral heterosexual de polaridad activa u positiva; si cambiase mi lateralidad, si me bisexualizase, mi rol preferente como homosexual sería negativo o sumiso). No hay mayor conocimiento que conocerse sí mismo.

Ama y serás amado, ten fe, recuerda que el alma gemela no es a nosotros igual por regla, sino que sexualmente, mentalmente, nos complementa; es tu otro yo. Las almas gemelas son las dos mitades de un todo, de un Dios.

En la Biblia, al Mesías esperado lo llaman Emmanuel (palabra hebrea), que significa "Dios está con nosotros", la cual es un nombre propio que puede usarse indistintamente tanto para el varón como la mujer. Si Cristo (Jesús) es el Mesías, el Elegido, el Hijo de Dios, Dios propio hecho varón; Kristhna (conocida en Occidente por su nombre abreviado: Krisna) es la Mesías, la Elegida, la Hija de Dios, la Divinidad hecha mujer (Krisna nació en Cachemira sobre el año 3000 A.C. y no fue un varón como falsamente recogieron los machistas religiosos hindúes en sus escritos, sino una mujer de piel negra que pertenecía a la etnia calé. [De ahí que históricamente las dos etnias más perseguidas y humilladas por lo Maligno sean la judía y la gitana, y que tanto Palestina como Cachemira, en la actualidad, sufran el terrorismo y conflictos violentos, y sus poblaciones la pobreza y el exilio]).

Cristo y Kristhna (cuyo nombre propio era Jezeus) son, respectivamente, el Rey y la Reina del socialista y libertario Reino de los Cielos.

Cristo-Kristina, Jesús-Jezeus, Palestina-Cachemira, Él: judío palestino, Ella: gitana cachemir. Él, blanco, sexualmente activo o positivo; ella, negra, sexualmente sumisa o negativa; en semejanza a este Universo dual o binario formado a base de pares de contrarios complementarios. Cristo y Kristina son la pareja divina, lo demás, vanidad de vanidades es.

TEOLOGÍA PARA ANARQUISTAS, ECOLOGISTAS Y DEMÁS ANTICAPITALISTAS.

La vida es una crucial fase de la Existencia. Una vital huida del Abismo hacia el Paraíso a través del Universo; un constante viaje en busca de nuestro amor verdadero, de nuestra alma gemela u otro yo. Asimismo la vida es una divina escuela del Amor.

–La meta del Juego, el Premio: la Libertad; alcanzar el Reino de los Cielos (la temporal residencia de las parejas de almas gemelas) para posteriormente regresar por fin a nuestro Hogar Primigenio o Paraíso. Al regresar al Paraíso nos fusionamos con nuestra alma gemela formando ambas un solo Ser de Luz o entidad espiritual, recuperando con ello nuestra original condición angelical.

–El juguete: nosotros, como la mitad de un espiritual ente.

La carne es una virtual cárcel y el alma es su preciado prisionero. La carne es la manifestación del demonio. Del Amor, lo Maligno es su reverso. Lucifer, Lo Maligno, gobierna dictatorialmente el Abismo y cruel rige sin piedad a través de su avatar Satanás el Infierno, la prisión de las almas gemelas que penando como esclavas sufren condena. Satanás es la secreta entidad que dirige el lado oscuro de la universal Fuerza o negativo destino.

El alma es la oculta manifestación de la Luz de la que estamos hechos, de La Divinidad o Dios que en verdad somos y, bien jugado el Juego, el alma es el pasaporte a la Libertad.

Kristina y Cristo dirigen el lado luminoso de la universal Fuerza o positivo destino que rige el Cosmos. En el socialista Reino de los Cielos, como representantes directos de Lo Eterno, ambos reinan pero no gobiernan: todo allí se decide por asambleario consenso sin minorías ni mayorías: es una auténtica democracia. O hay común acuerdo sobre el asunto a tratar por todas las partes o no hay resolución final; ni por parte de Kristina ni Cristo firma que lo refrenda: "o todos o ninguno" es el lema que anárquicamente allí impera. Los deberes de Kristina y de Cristo son el universal servicio y cuidado de todo su celestial Pueblo, del que emana el Derecho y en el cual reside la soberanía de su socialista Reino. No existe prohibición alguna: libre albedrío. No existe la propiedad ni las jerarquías, y a todas las celestiales criaturas o espíritus de Luz que nacen de lo Absoluto, de su divino Amor, se les da según su necesidad y se les pide según su capacidad. Lo Absoluto, Jah, Yahvé, el Tao de la Existencia, Jehová, Única Alma, Gran Naturaleza, la

Divinidad, el Espíritu Santo, Alá, Dios o "Yo Soy Lo Que Soy" es, políticamente hablando, comunista libertario: su Estado de Derecho es la Anarquía. El Amor es la Ley que guía, rige y sostiene todas sus creaciones; no la irá, el miedo, la violencia y el castigo. Aquello que no acate la Ley Suprema: "Amarás a Dios sobre todas las cosas y al prójimo como a ti mismo" se le condena al exilio. Ejemplo de destierro: el nuestro. Desgraciadamente el género humano, perteneciente a la universal Tribu de los Hombres, forma parte de la cohorte de renegados ángeles del Paraíso que liderados por Lucifer se rebelaron contra lo Absoluto por no querer servir a una peculiar creación divina que de nombre llevaba Hombre. Imbéciles y ciegos de envidia, no supimos ver que mediante la creación del Hombre, Dios nos daba a nosotros –sus ángeles servidores– la posibilidad de convertirnos en dioses.

–**Objetivo del Juego:** aprender a amar al prójimo como a uno mismo y a Dios sobre todas las cosas.

El sexo realizado con nuestro amor verdadero, las prácticas sexuales hechas con nuestra 'media naranja' o espiritual alter ego teniendo consciencia de ello, de que nuestra pareja es nuestro otro yo, son la más palpable demostración de nuestro arrepentimiento y de haber aprendido correctamente la terrenal lección. Mediante las prácticas sexuales encontramos en nuestro interior a nuestro verdadero Ser y descubrimos que nosotros 'somos Dios' y por extensión y amorosa intuición, que Cristina y Cristo, son respectivamente, la y el Mesías, y por tanto únicas posibles Guías en la fuga del Abismo a través del Universo.

Kristina y Cristo nos han dado a conocer con su venida y sacrificios el Camino recto de la huida: tener fe en el Amor, el reencuentro con tu otro yo; y, si éste no fuera posible encontrarlo, no usar el dinero en vida, o, usando el mismo, creer en Kristina y en Cristo como nuestros, respectivamente, Salvadora y Salvador.

–Reglas: cada jugadora o jugador se impone y tiene a su vez las suyas propias y obra para bien o para mal dependiendo según su propia voluntad o libre albedrío.

El destino (positivo y negativo) está escrito en todas sus posibilidades (Programado) y firmado antes de nacer por cada viajero. Si uno sigue la voz de su Ángel de la Guarda (escuchada mediante la conciencia; los dos miembros de cada pareja de almas gemelas tienen el mismo ángel guardián) toma el sendero del amor verdadero, de su corazón, de su real Yo; que lo conduce a la paz y liberación. Si por el contrario, uno sigue la voz de su personal diablo (escuchada mediante el ego; paralelamente las parejas de almas gemelas tienen el mismo diablo asignado), transitará por el sendero de la perdición y el sufrimiento conduciéndolo a la esclavización.

El/la que pertenezca al bando del glorioso ejército de los ángeles que siga amando y santificándose; el/la que pertenezca al ridículo ejército de los demonios que siga adorando el dinero y esclavizándose. Cada uno hace por fidelidad al Amor o por ceguera a lo Maligno lo que tiene que hacer. La guerra entre el Bien y el Mal así es.

Según la condición de las reglas (por uno mismo impuestas y consensuadas con tu alma gemela antes de nacer) queda atado uno a ellas de una u otra manera: como uno juzgue en vida, al subirse al cadalso en la hora de la muerte o Juicio, por uno mismo será juzgado. Es evidente que la personal conciencia es a su vez testigo, fiscal y juez. La 'biblia' del Juego o la mejor recomendación para lograr el gran premio: haz a los demás lo que quieran que te hagan a ti. Eso sí: no hay una vida a otra igual; en principio ni mejor ni peor, y lo más importante no es llegar primero sino ¡saber llegar!

−Características del tablero del Juego: No perteneciente al Universo, a este Cosmos dual o binario, tenemos el Abismo (hogar de los demonios cuyo Dictador es Lucifer) y el Paraíso (nuestro primigenio Hogar o residencia de los Seres de Luz el cual es regido por el Amor o la Divinidad).

Por otro lado tenemos el Universo (nuestra única vía de fuga para escapar del Abismo) del que forman parte el Inframundo o Infierno (cárcel de las almas que no completaron con éxito la huida), presidido por Satán: manifestación o avatar de Lucifer en el Universo; y por otro lado el Supramundo o Reino de los Cielos (lugar de descanso de las almas que lograron la huida), regido por la manifestación de Dios en el Universo: Cristo y Kristina (respectivamente el Rey y la Reina de los Cielos).

Debemos ser conscientes de que el Juego se realiza en un Universo virtual edificado, construido, programado por Lo Eterno bajo la ley de la dualidad o de los complementarios opuestos. Vivimos en un mundo binario, en un mundo de contrarios complementarios: 1-0, blanco- negro, virtud-defecto, bien-mal, arriba-abajo, verano-invierno... Mas la clave del juego consiste en darse cuenta de que cada par de opuestos que definen un término o un concepto no existen porque son términos relativos, son subjetivos. El Universo, lo que vemos (nosotros mismos), es una irrealidad. Podemos desvirtuar cada concepto y resaltar lo virtual de cada par porque no son reales. Para que algo sea real, tiene que ser infinito, imperecedero, indestructible, sin efecto ni causa, sin muerte ni nacimiento; en una palabra: eterno.

–Obstáculos: La mente (intersección del cuerpo y el alma). Por la que percibimos este virtual mundo dual. Es por consiguiente la causa de nuestra ignorancia y sufrimiento.

Por el contrario, siendo consciente que lo que nos rodea, el mundo que vivimos, es una programación mental (la mente a través de los sentidos es la que crea la inexistente realidad que nos rodea), podemos nosotros reprogramar dicha irrealidad mediante la práctica del sexo y el arte de la meditación (la conciencia da forma, modela la realidad), para que en el Juego aparezcan las condiciones necesarias que nos permitan lograr nuestros propósitos con más facilidad y finalmente en nuestra fuga triunfar.

–Enemig@s: Lo Maligno (Dictador/a de los demonios) y su ejército infernal de diablos.

Cuenta además lo Impío con la ayuda de las almas que por devoción al dinero y negación del Amor son obligadas al morir, mientras cumplen condena en el Infierno, a acosar y engañar a las almas encarnadas que huyen del Abismo (las acosan mediante posesiones mentales y pesadillas; generalmente a familiares al formar parte de los recuerdos del pariente vivo).

–Amig@s: Cristo y Kristina (el Rey y la Reina del Amor) y su ejército celestial de ángeles.

Cuentan las fuerzas celestiales además con la ayuda de las almas adeptas al Amor que descansan en el Reino de los Cielos y que voluntariamente colaboran y guían a los encarnados viajeros para que su caminar hacia la Luz sea lo más posible recto (por ejemplo en sueños).

–Normas: Al igual que en los videojuegos electrónicos, llegado el alma a un momento determinado de iluminación o acumulación mínima de hechos positivos (puntos necesarios), le llega al individuo una de las horas de abandonar su carnal funda (muerte) y de ascender o cambiar de fase al Reino de los Cielos. Llegado el alma a un nivel de oscuridad o acumulación máxima de hechos negativos (fallos) le llega su otra hora o mortal suerte descendiendo de vital fase al Infierno. Los puntos o hechos positivos mínimos a lograr y los fallos o hechos máximos negativos que pueden ser alcanzados están de antemano, por nosotros los humanos, con el Ser de Luz o Ángel del que originariamente procedemos, pactados.

A parte de las dos posibilidades de morir, o de las dos mortales horas que cada individuo dispone para abandonar la partida o el viaje, excepcionalmente se puede abandonar ésta (suicidio) cuando la jugadora o el jugador, siendo consciente de que es un juguete de la vida y no esperando ya nada positivo de la misma, así lo decida; que sea bueno o malo ante Dios el suicidio, dependerá de si ese acto forma parte del contrato o convenio del suicida con la Divinidad a la hora de encarnar.

Las dos almas gemelas son responsables del destino de ambas, estando juntas o por separado, con la característica de que la obra buena de una, vale el doble que la obra mala de la otra. En la hora de la muerte, una alma gemela por sus méritos salvada, libera a toda la pareja de la condena en el Infierno y descansan juntas (¡oferta!: dos almas por una) en el Cielo.

Para las almas que penan en el Infierno, una vez cumplido su tiempo de presidio, si quiere dicha pareja de almas gemelas, reconvertida en un único hermafrodita demonio en el Abismo (degradado al rango más bajo), reiniciar su partida o huida, otra vez en el mundo por separado nacen con la misión de reencontrarse. Nuestra fe en el Amor y nuestros hechos positivos o negativos son los que nos liberan o condenan al morir, a permanecer cumpliendo condena en el Infierno, o descansando en el comunista libertario Reino de los Cielos en espera del fin del ciclo de reencarnaciones o Día del Juicio Final ante el Tribunal Supremo.

Padrenuestro/Madrenuestra,

que estás en lo Alto,

creador/a del Universo,

santificado sea tu nombre por todas las generaciones de los Hombres.

Venga ahora, o en el día de hoy, a tu Pueblo tu libertario Reino,

haciéndose tu voluntad así en la Tierra como en el Cielo.

Si no fuere así, danos hoy el agua y el pan nuestro de cada día,

y perdona nuestras ofensas

así como nosotros perdonamos a nuestros ofensores.

Asimismo, no nos dejes caer en la tentación,

y libéranos del Mal, del Capital. **Amén**.

Epílogo.

El nacimiento del Nuevo Milenio viene marcado por la formación de un Nuevo Orden Mundial en el que una elitista cúpula capitalista tiene por objetivo la exterminación progresiva de todas las clases populares y medias del mundo: de Occidente y Oriente, de Norte a Sur; ahora que no les son necesarias y los recursos del planeta se agotan −les sobran 5.000 millones de personas−.

Nuevo Orden que pretenden culminar con la implantación final a nivel mundial de la 'Paz Judaica' tras la 'Paz Americana' con Israel como dueña y única potencia del planeta. No existe en la actualidad crisis económica alguna en el mundo; existe una lucha de clases sociales desigual: las minoritarias élites capitalistas-financieras contra las mayoritarias clases trabajadoras. De momento la victoria es de los primeros estando la humanidad artificialmente dividida por naciones y religiones.

Pero llegan malos tiempos para el terrorista Sanedrín (la sionista Cofradía Financiera Global) y su Sindicato criminal de multimillonarios, representados por sus internacionales publicanos recaudadores de almas: los traidores servidores del Pueblo −falsos servidores públicos que ayudados de los inicuos maestros locales de la Ley han vendido por oro el voto de las urnas en esta farsa a la que llaman democracia−. Se escuchan tambores de rebelión en el planeta...

<<volviéndose Pedro ve que le sigue aquel discípulo que amaba Jesús, el mismo que en la cena se reclinó sobre su costado y le dijo: "Señor, ¿quién es el que te entrega?". A éste, pues, viéndole Pedro, dijo a Jesús: "Señor, ¿y éste, qué?". Le dice Jesús: "si quiero que él se quede hasta que yo venga, ¿qué te va a ti en ello?". Se extendió entonces esta idea entre los hermanos: que aquel discípulo no moriría. Y no le dijo Jesús que no moriría, sino "si quiero que él se quede hasta que yo venga, ¿qué te va a ti en ello?">>. [Nuevo testamento, Juan 21].

El Mahdi esperado por los musulmanes es asimismo Juan "el evangelista", al que Jesús encomendó el cuidado de su madre y dió la potestad de lo que el discípulo atare y desatare, así quedaría atado y desatado en el Cielo; potestad dada por El Maestro a Juan, y no a Pedro, como falsamente está reflejado en los evangelios, y que el Mahdi demostrará en vida avalado por sus hechos y ascenso; coincidiendo en paralelo con la caída de la Iglesia Católica y demás religiones....

¡Arriba la Nación del Islam: el Reino de Israel!, ¡Abajo el Mal: el Capital!

(Islam significa "sumisión a la voluntad de Alá"; e Israel "el que lucha por Jehová").

"Al igual que la mansedumbre no implica bondad, la rebeldía no implica salvajismo": Práxides G. Guerrero.

Si en nuestro sistema solar, Cristo, el Mesías masculino, es nuestro Padre Sol o Tata-Inti; Kristina es la Mesías femenina, nuestra madre Tierra o Pacha-Mama. Cristo y Kristina son la pareja divina: el Amor hecho varón y mujer; lo demás vanidad de vanidades es (Estimado lector/a, si en este Universo en el que nosotros moramos, Cristo y Krisna son Emmanuelle, en otro Universo distinto paralelo a este, tú y tu alma gemela podríais ser Emmanuelle; o aquel Profeta de profetas, que reencarnando una y otra vez, siempre le abre el camino a la pareja divina de cada fruto del Árbol del Bien y del Mal o Cosmos en el que nacemos).

El Profeta de los profetas de nuestro mundo es Mohadma [también conocido por Mahoma, Muhammad o Mohamed] y su alma gemela, Kadija, la Profetisa de las profetisas. Pese a quien le pese y duela a quien le duela, Juan "el evangelista" (en hebreo "Johanna"), Siddharta Gautama (o Gotama) el "Buda", y Mohadma (o Muhammad), son el mismo varón reencarnado en tiempos diferentes [johanna-gotana-mohadma; obsérvese la similidad fonética]; lo cual, el Mahdi confirmará en vida con sus hechos.

Al igual que Jesús, que en vida nunca usó el dinero (ni lo tocó), ya que el dinero es la divisa o bandera del Diablo (de la misma manera, la Elegida: Kristina, tampoco lo usó), tras su muerte en la cruz, los primeros cristianos vivían en comunidades en las que no existía la propiedad privada y todo se decidía por consenso en asambleas (iglesia viene del griego "ekklesía", que significa asamblea; democracia es consenso: las demás fórmulas son un cuento). En estas comunidades o comunas se cultivaba la tierra y sus integrantes ejercían los oficios artesanales necesarios para sustentarla (la comunidad realizaba el trueque con el exterior, pero no comerciaba) y no utilizaban el dinero (Roma permitía que se pagasen los impuestos en especias).

Como esclavo sumiso ante mi Amo Cristo y mi Ama Kristina yo me arrodillo y pido fuerza y honor para que rompamos con el Capitalismo, con el Horror, y cumplamos como héroes y heroínas con nuestro destino.

Lo Absoluto, Dios, la Divinidad, es Uno. Omnipotente, Eterno y Omnisciente, no tiene par; a sólo Ello hay que adorar. Sin principio, ni fin; sin causa, ni efecto, no ha sido engendrado, por lo que decir que la virgen María es la madre de Dios es una tremenda herejía al igual que idolatrar imágenes e ídolos (la cruz es un instrumento de tortura y es símbolo de Lo Maligno).

Cristo y Kristina han hecho visible Lo Invisible, son Emmanuelle. Quien no ame a Cristo como el Ungido y a Kristina como la Ungida, quien no les ame como, respectivamente nuestro Salvador y Salvadora, no ama a Jehová. Y quien no ame a Mohadma (Mahoma) como el sello de los profetas, como el profeta que cierra el ciclo de las revelaciones monoteístas y prepara la venida de Emmanuelle, no es de Yavhé. Y toda persona que dice creer en Mahoma, pero no en Jesús como "el Cristo" ni a Jezeus como "la Krisna", no es de Alá.

Salud, Amor y Libertad a toda la Raza de la Humanidad. Raza perteneciente a la Tribu Universal de los Hombres (para entendernos: los alienígenas, de existir, serían todos Hombres, hijos e hijas de Dios, pero no tendrían por qué ser humanos; podrían ser, por ejemplo, semejantes a lagartos que hablasen y serían «lagarteranos», ja, ja; pero no humanos). Un sentido abrazo a todas mis hermanas y hermanos de otras madres.

Sexualidad y espiritualidad son emociones hermanas; bien hecha una te lleva irremediablemente a la otra…. Para quien quiera profundizar en el tema le

recomiendo mi libro: EL JUEGO DEL SEXO (disponible en Amazon).

Benditx sea Emmanuelle (Emmanuelle: "Dios está con nosotros").

Deseo morir
para poder vivir
en un mundo de igualdad
donde no existe la propiedad
y el dinero es el amor
que uno ha guardado en su corazón,
¡no en el banco,
en el corazón!,
y poder gozar así
de verdadera libertad,
justicia real,
una hermandad sin fin
en el Reino de la Luz
cuya soberana,
toda gracia y virtud,
la olvidada Mesías femenina,
cinco mil años ha,
gitana negra nacida en Cachemira:
"Kristhna" (b*),
y su soberano,
judío blanco nacido en Palestina:
"Cristo",
son la bendita Reina

y el bendito Rey del Amor;

los primeros en servir a su grey,

en dar la vida contra la explotación.

Ella: negra, Él: blanco,

fueron en su momento

la primera pareja que habitó el planeta:

la raza humana es su descendencia.

Sobre el otro lado ya sabéis,

reyes y poderosos de este mundo terrenal:

la muerte es lo único democrático,

no la compra el capital;

la cualidad del mundo de la libertad

es que el primero aquí

siempre es el último en entrar allí.

Entra antes una puta

que un rico

en el Reino de los Cielos;

entra antes un mendigo

que un obispo

en el Reino de los Cielos;

entra antes un preso

que un ministro

en el Reino de los Cielos;

entra antes un obrero

que un rey

en el Reino de los Cielos.

Con la meditación,
fe en la Divinidad
y el universal Amor,
alcanzamos la Verdad,
que en nuestro interior reside.
Vive, sé tu mismo
hermano, hermana:
no creas en nada;
¿más que extraña coincidencia es
que históricamente los dos pueblos más perseguidos
sean el gitano y el judío?,
¿que actualmente tanto Palestina
como Cachemira
sean fuente de conflicto
entre sus países vecinos
y que ambos pueblos,
el palestino y el cachemir,
sufran en sus carnes la pobreza,
el exilio y el terrorismo?
No existe la casualidad,
sí la causalidad,
y las religiones son enemigas de la religiosidad.
Como esclavo sumiso
ante mi Ama Kristina y mi Amo Cristo
yo me arrodillo y

les pido Fuerza y Honor

para que rompamos con el Capitalismo,

con el Horror,

y podamos cumplir como héroes y heroínas

con nuestro destino.

¡Gloria a Cristo!

¡*Hare* Krisna!

Entra antes una puta y un chapero

que un banquero

en el Reino de los Cielos.

Entra antes un yonqui mendigo

que un concilio de obispos

en el Reino de los Cielos.

Entra antes un módulo de presos terroristas

que un consejo de ministros

en el Reino de los Cielos.

Entra antes un obrero,

un campesino,

un marinero,

que un rey y una reina

en el Reino de los Cielos.

Nadie nace, nadie muere.

Alegra esa cara

que lo que tú crees

que es perder

es ganar,

y lo que deseas ganar

es siempre perder,

porque te atas sin querer

a la necesidad de poseer

para poder sentirte vivo,

y así te pierdes

el infinito brillo

de lo que realmente tú eres:

inmortal y de luz resplandeces;

¡inmortal y de Luz…!

¡inmortal y de Luz…!

Nadie nace, nace muere;

siente que en la existencia

no existe el cese:

la nada no existe;

¡la conciencia es eterna!

Inextinguibles: nadie nace, nace muere…

Dulce sesión.

Te conozco, eres mía;

te he llamado por tu nombre.

Desnuda te acercas de rodillas

barriendo la habitación con tu nombre;

estás impaciente,

sé lo que deseas…

el aire huele a incienso.

Mis pies besas,

mi pene al final consagrará tu templo.

Sujetando la correa que engarza tu cuello,

te levanto,

Tu cabeza agachas.

ritual,

es hora de lavar tu cuerpo.

Silencio,

con aceite tus pies, manos y cabeza

masajeo con esmero.

Te perfumo;

ya preparada tu mirada observo.

Tu cuerpo es un instrumento

y yo soy el ejecutor

que sin prisas

a través del placer y del dolor

interpreta con tus quejidos

una dulce melodía.

--"Paz; me gusta que me peguen.."

De los golpes con mis palmas

tus nalgas nacaradas están enrojecidas;

araño tu blanca espalda

y en ella escribo versos de alabanza

para mi amada;

Con tus rosados pezones me deleito;

son por mí pellizcados,

mordidos,

succionados

con el debido respeto a lo sagrado.

Excitado tus piernas separo;

rítmicamente golpeó con mis dedos

la puerta que abre tu templo

para después rozar sin piedad

el estambre que esconde en sus adentros.

¡Gloria!,

como se merece lo reverencio

también con mi boca.

Se agita tu respiración,

de tu interna fuente rezuma

agua cristalina

que yo saboreo y bebo con fruición;

gracias a ti cato la Vida,

vida mía.

--"Me gusta que me peguen.."

Honra mi Espada de Fuego

con tu boca,

adórala esclava,

por ella vas a ser penetrada.

Es ofrenda,

regalo para tu santuario;

luz que ilumina tu Jardín Perfumado.

Estás tumbada

boca abajo en la cama

con un cojín bajo tu cintura

que eleva ligeramente tu espalda;

entrelazando mis manos con las tuyas

con mi Vara de Hierro en ti entro;

primero lento

para después ser violento.

Gritas…

Mi Tronco de Jade,

mi polla,

mi Cetro de Oro,

golpea severo tu Flor de Loto,

tu coño;

ara tus adentros,

escarba,

firme empuja,

sobre la semilla enterrada en tu Gruta.

Tú y yo somos la Tierra y el Cielo

en combinación,

el agua y el fuego

en comunión,

una diosa y un dios haciendo el amor,

una sacerdotisa y un sacerdote

en una carnal misa.

¡Gimes, suspiras, aúllas, gritas!,

me avisa que te orinas;

¡llega el clímax!

No es orina lo que sale de tu uretra,

es néctar de ambrosía.

Espasmos,

se suceden los orgasmos;

te retuerces,

me deleito,

finalmente desfalleces.

Te beso…

Amada mía,

te amo más que al sol,

te amo más que a la risa de los niños,

te amo más que a los bosques,

que al agua cristalina de los ríos.

Te amo más que a la música,

¡te amo más que a mi vida…!

y sincero

declaro mi herejía:

¡te amo más que a Dios!;

que me perdone Alá que es todo amor.

Nuevo Milenio (primavera del año 2001).

Estaba yo en la calle
cantando mis canciones
para poder sobrevivir,
buscar respuestas,
sentirme un poquito libre
al fin...
Me oíste,
ibas de compras
y te sumergiste
en mis palabras claras
de antigua agua de mar.
Me regalaste
unas monedas que yo
humilde y feliz te agradecí
rogándole a Dios a viva voz
su bendición para ti.
Y el milagro
de tus labios surgió
cuando me contestaron:
"Y a ti también; a ti también...".
En ese instante
en tus ojos me vi
y me enamoré de ti;
y a Nuestro Señor le pedí
que ojalá te pudiese volver a ver
y conocer.

Y así fue,

a unas semanas así fue,

y tú, ahora mi exiliado amor,

eres testigo de lo que yo digo.

Fue en Vigo,

al inicio de la primera primavera

del nuevo milenio;

¡del Nuevo Milenio!

El Nuevo Milenio: sin fronteras,

no hay dinero, un solo Pueblo…

¡en el Nuevo Milenio!

¡Santa guerra a los infieles a la Naturaleza! A todos los seres

de   la   Celestial   Familia: PAZ.

FIN.

www.ingramcontent.com/pod-product-compliance
Lightning Source LLC
Chambersburg PA
CBHW050525290526
45786CB00007B/2697